나는 죽고 십자가로 하나되는 공동체 ❸

승리

기도와 믿음으로 세상을 이기는 삶

나는 죽고 십자가로 하나되는 공동체 ❸ 승리
기도와 믿음으로 세상을 이기는 삶

초판 1쇄 발행 2022년 12월 9일

지은이 유기성

기획·편집 홍정호 유지영 김지영
디자인 파크인미 bookpark@kakao.com

펴낸곳 도서출판 위드지저스
등록번호 제251-2021-000163호
주 소 경기도 성남시 분당구 하오개로344번길 2
전 화 031-759-8308 | **팩 스** 031-759-8309
전자우편 wjp@wjm.kr

Copyright © 유기성, 2022, Printed in Korea
ISBN 979-11-91027-27-3(04230)
      979-11-91027-24-2(세트)

자기부인　　　순종　　　**승리**　　　동행

나는죽고
십자가로
하나되는
공동체 ③

기도와 믿음으로 세상을 이기는 삶

유기성 지음

위드지저스

머리말

《예수님의 사람》제자훈련 수료식 때면 저는 매번 말할 수 없는 감동을 받습니다. 한 남자 집사님이 강단에 섰습니다. 그의 간증은 밋밋하게 시작되었으나 목소리는 떨리고 있었습니다. 그러다가 거의 울먹이는 소리가 되었습니다.

저는 정말 죄인이었습니다. 예수님을 믿기 전에는 우상숭배, 마귀와의 타협, 부모홀대, 형제간 불화, 탐심, 거짓, 음란, 음욕, 외도, 핑계, 게으름 등 죄라고 하는 것은 모두 행한 것 같아 글로 다 쓸 수 없을 지경입니다. 이 엄청난 죄들 앞에서 저는 어찌할 바를 몰랐습니다. '과연 용서받을 수 있을까?'라고 생각했습니다. 그런데 제자훈련을 받으면서 하나님의 말씀이 제 마음에 박혀 들어왔습니다. '아무리 큰 죄라도 주 앞에서 고백하면 흰 눈과 같이 깨끗이 씻어주시며 기억하지 않겠다.' 완전한 용서, 단 1%도 남기지 않는 십자가의 용서가 저에게 믿음으로 다가왔을 때 감사와 감격이 몰려왔습니다.

집사님의 간증을 듣고 저도 함께 울었습니다. 그러면서 생각했습니다. '무엇이 저 집사님을 저렇게 고백하게 하는 것일까?' 성령께서 말씀으로 십자가의 예수님을 바라보게 하신 것입니다.

나이가 지긋하신 남자 성도님이 예상치 못한 고백을 하셨습니다.

제자훈련을 받으면서 비로소 주님의 사랑을 깨달았습니다. 그리고 성령께서 저에게 한가지 일을 강권하심을 느꼈습니다. 그동안 제 완고함 때문에 상처받았던 며느리에게 찾아갔습니다. 그리고 며느리에게 용서를 빌었습니다. … 나중에 아들로부터 감사하다는 전화가 왔습니다. … 하나님께서 부어주신 사랑으로 우리 가정이 완전히 회복되는 사건이 일어났습니다. 저는 이제 사랑하는 자로 살면서 더 이상 다른 사람들의 아픔을 그냥 지나치지 못할 것 같습니다.

역시 예수님이 하셨습니다.
똑똑하고 야무지게 생기신 여자 집사님이 고백하였습니다.

그동안 나는 눈만 밝아져서 다른 사람을 특히, 남편을 힘들게 했습니다. 문제만 생기면 남편에게 책임을 떠넘기며 비난을 퍼부었습니다. 그러나 제자훈련을 받으면서 그 모든 문제가 남편이 아닌 저에게 있다는 것을 알았습니다. 다른 사람을 변화시키려 하지 말고 내 자신이 먼저 변화되어야 한다는 것을 깨닫게 되었습니다. 제자훈련을 통해 화가 나도 참게 되고 염려를 많이 떨쳐버릴 수 있게 되었습니다. 문제가 생기면 "주님, 도와주세요"라고 기도하며 주님을 의지하는 삶을 살게 되었습니다.

역시 예수님이 하셨습니다.
오랫동안 교회 생활 나름대로 열심히 하셨던 권사님께서 고백하셨습니다.

예수님을 믿고서도 펄펄 살아 있는 성질 때문에 내가 정말 예수님을 믿는 사람인지, 구원은 받았는지 알지 못했었습니다. 그러나 이제는 내가 예수님 안에서 죽었다는 것을 깨닫게 되었습니다. 그 이후 제 삶의 변화를 사람들이 알기 시작했습니다. 나의 변화된 모습을 보고 주위의 믿지 않는 친구들이 "그렇게 예수님이 좋으냐"라고 말합니다.

역시 예수님께서 하셨습니다.

교회를 다니고 예수님을 믿는다고 해서 모두 다 제자의 삶을 사는 것은 아닙니다. 예수님의 제자들처럼 예수님을 인격적으로 알고 예수님과 동행하는 훈련을 받지 못하면 결코 제자다운 삶을 살 수 없습니다. 그래서 교인들에게 예수님과 동행하는 삶을 훈련하는 것을 목회의 핵심가치로 삼고 지금까지 사역했습니다. 그러면서《예수님의 사람》제자훈련을 통하여 많은 교우의 삶이 놀랍게 변화되는 것을 보았습니다. 예수님을 인격적으로 알고서도 사람이 변화되지 않는다는 것을 불가능한 일이었습니다. 저는 이러한 은혜와 축복을 좀 더 많은 분과 함께 해야 한다는 생각이 들었습니다.

이 책은《예수님의 사람》의 핵심 내용을 발췌하여 소그룹이 십자가의 복음을 함께 나누는 형태로 구성했습니다. 물론 개인이 혼자 할 수도 있고, 교회 기도회에서 활용할 수도 있을 것입니다.

《예수님의 사람》제자훈련을 받는 교인들은 미리 읽으면 교재 내용을 더 깊이 이해하는 데 도움이 될 것입니다. 제자훈련을 마친 교우들에게도 제자훈련의 핵심 내용을 다시금 상기시키시는 데 도움이 될 것입니다. 또한 여러 가지 사정으로 《예수님의 사람》 제자훈련을 할 수 없는 분들에게는 이 책이 예수님과 동행하는 눈을 뜨는 데 큰 도움이 될 것입니다.

예수님과 동행하는 삶의 놀라운 은혜가 주 안에 있는 많은 그리스도인과 교회 위에 함께 하시기를 간절히 기도합니다.

유기성 목사

이 책에 대해

왜 "예수님의 사람" 소그룹 교재인가?

이 책은 《예수님의 사람》 제자훈련과 연결되어 있습니다. 제자훈련을 마친 이후 또는 제자훈련과 함께 소그룹에서 쓸 수 있도록 만들어졌습니다. 제자훈련과 병행해서 사용할 때, 교회 전체의 영적 분위기를 하나로 세워갈 수 있습니다. 혹 제자훈련의 토양이 준비되지 못한 교회일 경우라도 제자훈련에 대한 기초를 쌓는 데 사용할 수 있습니다. 이 책은 인도자 혼자 이끌고 가는 형식이 아니라 모든 구성원이 적극적으로 참여하여 자신의 이야기를 나누면서 훈련하도록 구성되어 있습니다.

이 책은 아래와 같은 교회에서 사용할 수 있습니다.

1) 제자훈련을 마친 교회
제자훈련을 마치고 시간이 지나면 받은 은혜를 잊게 됩니다. 《예수님의 사람》 제자훈련에서 받은 은혜를 소그룹 모임을 통해 이어가면서 '나는 죽고 예수로 사는 삶'에 대한 자기 점검을 할 수 있습니다.

2) 소그룹 모임의 경험이 없는 교회

소그룹 모임을 해본 적이 없는 교회도 있습니다. 소그룹 모임의 경험이 없는 교회라면 자신의 이야기를 나누거나 다른 구성원들의 이야기를 듣는 훈련이 되어있지 않을 수 있습니다. 이러한 교회들은 이 교재를 나누는 동안 듣는 훈련과 나누는 훈련을 자연스럽게 할 수 있습니다.

3) 소그룹 모임을 가지는 데 실패했던 교회

소그룹 모임에는 실패와 성공의 여부는 없습니다. 하지만 이전에 소그룹 모임을 했을 때, 상처나 아픔으로 좋지 않은 기억을 가진 성도가 있을 수 있습니다. 그런 성도들에게 다시 소그룹 모임을 권면하는 것이 쉬운 일은 아닙니다. 자신의 이야기를 말씀에 비추어 나눌 수 있는 이 책의 구성을 통해 점차 공동체에 자신을 열고 말씀의 진리 안에서 하나 됨을 경험하도록 도와줍니다.

이렇게 진행됩니다

 1. 무엇을 하는가? (What?)

지속적 소그룹 나눔을 통해 믿음의 공동체로 성장

 2. 어떻게 사용하는가? (How?)

구성원 모두가 나눌 수 있도록(10명 이내로, 1시간 ~ 1시간 30분이 적당)

 3. 언제 진행하는가? (When?)

모두가 참석할 수 있는 날

4. 어디서 모이는가? (Where?)

위치, 분위기 등을 고려해 모두가 편한 곳(온라인도 가능)

5. 누가 인도하는가? (Who?)

자신의 이야기보다 구성원들이 활발하게 이야기할 수 있도록 돕는

인도자

6. 왜 1년에 40주인가? (Why?)

40주로 구성된 1년 과정(영적 재충전을 위해 여름 1개월, 겨울 2개월 방학)

* 인도자를 위한 가이드 p.98을 참고하시면 됩니다.

목차

3부

기도와 믿음으로 세상을 이기는 삶

그리스도인이 세상을 이기는 길은 '믿음'입니다.

살다 보면 때때로 어려운 문제가 닥쳐옵니다.

그러나 성도는 어렵고 힘든 문제를 만나도 담대할 수 있고 감사할 수 있습니다.

하나님을 믿기 때문입니다.

어려울 때일수록 더욱 진리의 말씀 앞에 서야 합니다.

Week 21

하나님을 체험하는 기도

찬양

찬송가 : [452장] 내 모든 소원 기도의 제목
복음성가 : 주님 보좌 앞에 나아가

기도

마음열기

기도 응답의 경험을 나누어 봅시다.

말씀

그러므로 우리는 긍휼하심을 받고 때를 따라 돕는 은혜를 얻기 위하여 은혜의
보좌 앞에 담대히 나아갈 것이니라 히브리서 4장 16절

그리스도인의 능력은 기도의 삶에서 나온다

하나님의 사람들과 세상 사람들의 삶의 방식은 너무 다릅니다. 그 대표적인 것이 기도입니다. 세상 사람들은 어려운 문제가 닥치면 자신의 힘과 노력으로 해결하려고 합니다. 반면 하나님의 자녀들은 그 문제를 하나님 앞에 내려놓고 기도로 하나님의 도우심을 구하며 문제를 풀어 갑니다. 교회와 성도의 능력이 어디에서 나옵니까? 두말할 것도 없이 기도입니다. 이사야 40장 31절에서 하나님을 앙망하는 자는 독수리가 날개 치며 올라감 같은 새 힘을 얻는다고 했습니다.

예수님이 부활 승천하신 이후 2천 년 동안 교회는 수많은 어려움을 겪었습니다. 그러나 온갖 환란과 핍박, 유혹 속에서도 교회는 굳건히 존재해왔습니다. 교회를 핍박했던 세력과 나라는 역사 속으로 모두 사라졌지만, 교회는 굳건히 존재했고 또 놀랍게 성장했습니다. 그 일이 가능했던 것은 교회에 하나님의 능력이 있었기 때문입니다.

능력 있는 신앙생활을 원한다면 단순히 기도만 하는 사람이 아니라 기도로 사는 사람이 되어야 합니다. 기도만 하는 것과 기도로 사는 것의 차이를 알고 있습니까? 많은 성도가 기도는 하지만 기도로 살지는 않습니다. 무엇 때문입니까? 기도가 무엇인지 정확히 알지 못하고 기도에 대한 확신이 없기 때문입니다.

하나님은 우리가 기도할 때까지 기다리신다

마태복음 6장 8절에서 하나님은 우리가 구하기 전에 우리의 필요를 이미 다 알고 계신다고 했습니다. 또 우리에게 주실 것을 이미 준비해

놓으셨다고 하십니다. 그런데 왜 하나님은 그냥 주시지 않고 우리가 구할 때까지 기다리십니까?

야고보서 4장 2-3절의 "정욕으로 쓰려고 잘못 구하기 때문에 기도해도 얻지 못한다."라는 말씀은 이해하는데 "너희가 얻지 못함은 구하지 아니하기 때문이요."라는 말씀은 이해하기 어렵습니다. 상대방의 형편과 요구를 정확히 모른다면, 그 상대방이 자신의 필요를 요청해야만 필요한 것을 줄 수 있습니다. 그러나 만약에 내가 가장 사랑하는 사람의 필요를 다 알고 있고 그것을 채워줄 수 있는 충분한 능력이 있다면 문제는 달라집니다. 상대방이 구하지 않아도 그 필요를 채워주는 것은 당연한 일일 것입니다. 그런데 우리를 사랑하시는 하나님이 우리의 필요를 다 알고 계시면서도 '구하지 않아서 주시지 않는다.'라는 말은 이해할 수 없습니다.

기도할 때 하나님을 체험할 수 있다

우리의 모든 필요를 아시는 하나님이 우리에게 그냥 주시지 않고 기도하라고 말씀하신 이유는 기도 응답을 통해 비로소 살아 계신 하나님을 체험할 수 있기 때문입니다. 기도는 하나님을 체험하는 가장 좋은 길입니다. '하나님을 체험하는 것'은 흥분되는 일입니다. 하나님을 체험하면 우리가 가지고 있는 모든 의심, 갈등, 고통이 다 해결됩니다. 그리스도인이라면 누구나 하나님을 체험할 수 있습니다.

그러나 많은 그리스도인이 하나님을 믿지만 하나님을 체험하지 못하고 누리지 못하며 살아갑니다. 기도하지 않기 때문입니다. 기도하지 않으면 하나님이 은혜와 사랑을 부어주셔도 은혜가 은혜인 것을 깨닫지 못합니다. 하나님으로부터 수많은 은혜와 사랑을 받고도 감사하지 못하고 늘 불평하는 태도로 살아가는 그리스도인을 쉽게 볼 수 있습니다.

환경이 아무리 어렵더라도 기도하면 하나님은 여전히 우리와 함께하신다는 사실을 깨닫게 하십니다. 요셉은 애굽에서 노예 생활도 하고 감옥에 갇히기도 했습니다. 요셉의 어려운 형편에도 성경은 "여호와께서 요셉과 함께하셨다."라고 말합니다. 아무리 절망적인 상황이라도 "하나님이 나와 함께 하신다."라는 확신만 있으면 우리는 두려울 것이 없습니다. 이런 확신은 기도하면 생깁니다. 우리에게 중요한 것은 기도한 대로 이루어지는 것 보다 언제나 함께 하시는 주님을 바라보는 것입니다.

예수전도단에서 선교선 아나스타시스(ANASTASIS)호를 살 때의 일입니다. 뉴질랜드에서 모금 캠페인을 통하여 많은 헌금이 온라인으로 들어오자 모두 흥분했습니다. 마지막 잔금 지불을 앞둔 어느 날, 로렌 커닝햄 *Loren Cunningham* 목사가 회의를 마치고 회의장을 나서다가 구석 어두운 곳에 누군가 서 있는 환상을 보았습니다. 바로 예수님이었습니다. 선교선을 구입해서 사역할 생각에 모든 관심을 쏟느라 정작 예수님에 대해서는 잊고 있었던 것입니다. 바로 그날로 헌금이 뚝 멈췄습니다. 동시에 선교선 구입 계획은 저절로 무너졌습니다. 그 이후로 로렌 커닝햄 목사는 언제나 예수님과 모든 일을 의논하며 사역하였고, 오늘날의 예수전도단을 세우게 되었습니다.

하나님은 우리와 교제하기를 원하십니다. 그런데 우리는 하나님과의 관계가 아니라 문제를 해결하는 일에 집중합니다. 어려운 문제가 닥치면 그제야 하나님께 간절히 기도합니다. 하나님은 문제의 해결뿐만 아니라 우리와 교제하는 데 더 관심이 있으십니다. 그래서 우리를 기도하는 삶으로 인도하시는 것입니다.

기억하기

1. 그리스도인의 능력은 기도의 삶에서 나온다.
   기도로 사는 사람은 하나님이 주시는 능력으로 살아간다.

2. 하나님은 우리가 기도할 때까지 기다리신다.
   하나님은 우리의 모든 형편과 상황을 아시지만 우리가 기도할 때 응답하시고 승리를 주신다.

3. 기도할 때 하나님을 체험할 수 있다
   기도할 때 함께하시는 하나님을 깊이 체험하며 사랑과 은혜에 대한 확신을 갖게 된다.

1. 하나님과의 교제를 위해 기도하고 있습니까? 아니면 문제해결만을 위해 기도합니까?

....

....

....

....

2. 나에게 가장 중요한 기도제목은 무엇입니까?

....

....

....

....

공동체기도

1. 기도만 하는 사람이 아니라 늘 기도로 사는 사람이 되게 하소서.
2. 기도를 통하여 하나님의 살아 계심을 체험하게 하소서.

Week 22

기도와 영적전쟁

찬양

찬송가 : [264장] 정결하게 하는 샘이
복음성가 : 보소서 주님 나의 마음을

기도

마음열기

기도할 일이 있는데 기도하지 않아서 불안을 느낀 적이 있습니까?

말씀

주여 들으소서 주여 용서하소서 주여 귀를 기울이시고 행하소서 지체하지 마옵
소서 나의 하나님이여 주 자신을 위하여 하시옵소서 이는 주의 성과 주의 백성
이 주의 이름으로 일컫는 바 됨이니이다 다니엘 9장 19절

세상을 지배하는 마귀는 하나님의 일을 방해한다

지금 세상의 모든 일이 하나님이 기뻐하시는 뜻대로 이루어지고 있을까요? 하나님은 모든 교회가 양적으로, 질적으로 부흥하길 원하십니다. 부흥은 모든 교회를 향한 하나님의 뜻임이 분명합니다. 그런데 왜 부흥하지 못하는 교회가 있는 것일까요? 하나님은 모든 성도가 영적으로 충만한 삶을 살기 원하십니다. 그런데 왜 영적으로 충만한 성도가 있고 메마른 성도가 있을까요?

분명히 하나님의 뜻인데, 이루어지지 않는 것처럼 보이는 경우가 얼마나 많은지 모릅니다. 왜 이런 일이 일어납니까? 마귀가 강력하게 역사하고 있기 때문입니다. 예수님은 마귀를 '이 세상의 임금(요 12:31)'이라고 하셨고, 사도 바울은 '공중의 권세 잡은 자(엡 2:2)'라고 했습니다. 이것은 곧 마귀가 세상을 지배하며 하나님의 뜻이 이루어지는 것을 방해하고 있다는 것입니다. 그렇다면 전지전능하신 하나님은 왜 마귀가 세상을 지배하도록 허용하실까요? 왜 하나님의 뜻이 이루어지는 것을 방해하도록 허용하실까요?

베드로후서 3장 9절에서 사도 베드로는 하나님이 한 영혼이라도 더 구원하시기 위해서 심판을 미루신다고 했습니다. 전능하신 하나님은 마귀를 당장 영원한 지옥에 결박하실 수 있습니다. 하지만 그렇게 되면 사탄에게 사로잡혀 있는 수많은 영혼이 함께 지옥에 갈 것입니다. 지금은 하나님이 사랑하시는 사람들을 위하여 구원받을 기회를 주신 기간입니다.

하나님의 일은 성도의 기도를 통해 이루어진다

하나님은 마귀가 왕 노릇하는 이 세상에서 어떻게 하나님의 일을 이루실까요? '예수님의 이름으로' 기도하는 성도의 기도를 통해서 이루십니다. 예수님의 이름으로 기도할 때 마귀는 꺾입니다. 영혼 구원의 역사가 일어납니다. '마귀의 일을 멸하고(요일 3:8)' 하나님의 뜻이 이루어집니다. 그러므로 성도의 기도는 예수 그리스도 복음의 능력이 실제로 증명됩니다.

이런 맥락에서 기도는 철도 레일과 같습니다. 기관차가 아무리 힘이 강하더라도 레일이 깔린 곳에서만 달릴 수 있습니다. 레일을 벗어나면 기관차는 달릴 수 없습니다. 이처럼 하나님의 능력은 성도의 기도가 있는 곳에서만 나타납니다. 그래서 우리가 기도하지 않으면, 하나님의 뜻이 분명한데도 이루어지지 않는 것처럼 보이는 것입니다. 우리가 하는 모든 일은 기도의 영향을 받습니다. 기도를 많이 하는 교회는 부흥하고, 기도가 적은 교회는 침체합니다. 기도를 많이 하는 성도는 영적으로 충만하고, 기도하지 않는 성도는 메마른 삶을 삽니다. 기도가 충분한 일은 열매가 많고, 기도가 충분하지 못한 일은 열매가 없습니다. 기도는 영적 전쟁이기 때문입니다.

사무엘상 12장 23절에서 사무엘은 "기도하기를 쉬는 죄를 범하지 않겠다."라고 다짐합니다. 이것은 기도가 하나님의 뜻을 이루는 열쇠라는 뜻입니다. 우리가 기도하지 않으면 하나님이 뜻하신 일들도 이루어지지 않을 수 있습니다. 그래서 기도하지 않는 것은 죄가 됩니다.

한 유명 여자 아나운서가 중매로 의사 청년을 만났습니다. 다른 조건은 다

좋은데 교회를 다니지 않는 것이 흠이었습니다. 그래서 아나운서는 의사 청년에게 결혼을 조건으로 교회에 나가기를 요구했습니다. 의사 청년은 결혼을 위해 교회에 나가겠다며 혈서까지 썼습니다. 그런데 여자 아나운서는 나중에 큰 후회를 했습니다. 교회 나가는 것이 아니라 예수님을 믿는 조건으로 결혼했어야 한다는 것을 깨달았습니다. 정말 남편은 교회만 나오고 예수님을 믿지 않았습니다. 공공장소에서는 자세 하나도 흐트러지지 않는 사람이 교회에만 가면 꾸벅꾸벅 졸기 일쑤였습니다. 당황하기는 남편도 마찬가지였습니다. 같이 교회에 가면 가정에 평화가 올 줄 알았는데 시간이 지날수록 아내의 얼굴은 점점 어두워졌습니다. 아내는 "이혼은 안 된다고 생각했지만 남편이 너무 미웠어요. 자는 모습까지 미웠으니까요."라고 말했습니다. 그렇게 남편을 미워하던 아내는 문득 '내가 기도하지 않았구나!'라는 것을 깨달았습니다. 이후 아내는 새벽기도를 시작했습니다. 바쁜 일정이었지만 기도하기를 멈추지 않았습니다. 일대일 양육도 받으면서 양육자와 삶을 나누고 기도했습니다.

그렇게 6개월이 지났을 때, 그녀의 기도는 기적을 만들었습니다. 바라보는 것도 싫고, 때리고 싶을 만큼 미웠던 남편이 갑자기 잘생겨 보이는 것입니다. 그녀의 얼굴에 화색이 돌기 시작했습니다. 한동안 보이지 않았던 아내의 명랑함이 살아나자 남편의 얼굴에도 웃음이 번졌습니다. 시간이 지나면서 남편의 마음도 점차 돌아섰습니다. 남편은 이렇게 말했습니다.

"예수님을 믿는 것이 이렇게 좋은 것이구나!"

어떤 어려움 있더라도 끝까지 기도하는 사람은 시험을 분별하고 끝내 이깁니다. 육체적, 정신적으로 힘들어도 기도하면 승리의 기쁨을 얻

습니다. 현실에서 벌어지는 여러 모양의 싸움은 사실상 모두 영적전쟁
이며 기도의 싸움입니다.

예레미야 33장 1-9절에는 하나님이 역사하시는 기도의 네 단계가 나
옵니다.

첫째, 하나님의 뜻이 세워지는 단계입니다.

둘째, 하나님이 성도에게 기도하도록 감동하시는 단계입니다.

셋째, 성도가 순종하여 실제로 기도하는 단계입니다.

넷째, 기도 응답으로 하나님의 뜻이 이루어지는 단계입니다.

하나님은 우리의 기도를 합하여 그분의 뜻을 이루어 가시는 분임을
꼭 기억해야 합니다.

1. 세상을 지배하는 마귀는 하나님의 일을 방해한다.

   마귀는 세상을 지배하며 하나님의 뜻이 이루어지는 것을 방해한다. 그럼에도 불구하고 하나님은 한 영혼이라도 구원하시기 위해 심판을 미루고 계신다.

2. 하나님의 일은 성도의 기도를 통해 이루어진다.

   세상의 영적전쟁에서 승리하고 하나님의 역사를 이루기 위해서는 성도들의 끊임없는 기도가 필요하다.

1. 나는 가정, 교회, 나라를 위해 매일 기도하고 있습니까?

....

....

....

....

2. 나의 기도를 통해 하나님의 뜻이 이루어진 적이 있습니까?

....

....

....

공동체기도

1. 기도를 통하여 하나님의 능력을 덧입게 하소서.
2. 나의 기도가 하나님의 뜻을 이루는 거룩한 도구가 되게 하소서.

Week 23

시험을 이기는 기도

찬양

찬송가 : [420장] 너 성결키 위해

복음성가 : 그날이 도적같이 이를 줄

기도

마음열기

고난과 시험으로 기도조차 할 수 없이 어려웠던 적이 있었습니까?

말씀

시험에 들지 않게 깨어 기도하라 ··· 마태복음 26장 41절

힘들어도 기도해야만 하는 이유가 있다

사도 베드로는 "근신하라 깨어라 너희 대적 마귀가 우는 사자 같이 두루 다니며 삼킬 자를 찾나니(벧전 5:8)"라고 말했습니다. 마귀는 성도들을 유혹하고 넘어뜨리기 위해 혈안이 되어 돌아다닙니다. 이런 상황은 예수님이 재림하셔서 온 세상을 심판하실 때까지 지속될 것입니다. 마귀는 우리를 하나님으로부터 멀어지게 하려고 애씁니다. 이런 마귀의 공격과 시험을 이기는 유일한 방법은 기도입니다. 기도를 통하여 하나님의 능력을 구하는 방법 외에는 마귀의 공격과 시험을 이길 수 없습니다. 하나님이 모든 것을 알고 계시면서도 기도하라고 말씀하시는 이유가 바로 이것입니다. 마태복음 26장 41절에서 예수님은 성도가 힘들어도 기도해야 하는 두 가지 이유를 말씀하십니다.

시험을 이기고 영적으로 무장하기 위해 기도해야 한다

첫째, "시험에 들지 않게 깨어 기도하라."라고 말씀하셨습니다. 마귀는 계속해서 성도와 교회를 공격합니다. 시험이 계속 온다는 말입니다. 그런데 기도하면 마귀의 시험을 분별할 수 있고, 결국에는 그 시험을 이길 수 있습니다. 죄짓는 일과 진실한 기도는 병행할 수 없습니다. 예수님은 "시험에 들게 하지 마시옵고 다만 악에서 구하시옵소서(마 6:13)"라고 기도하라고 가르치셨습니다. 시험에 들지 않으려면 기도해야 한다는 것입니다. 또 "깨어 있으라(마 26:38)"라고 말씀하셨습니다. 이 말씀은 십자가를 져야 하는 자신을 위해 기도해 달라는 것입니다. 기도하는 것은 '깨어있음'을 의미하고 기도하지 않는 것은 '잠들어 있음'을 의미합니다. 그렇기 때문에 안일한 기도생활을 하는 사람은 유혹과 시련이 닥칠 때, 믿음을 지키지 못하고 넘어지는 것입니다.

기도에도 때가 있습니다. 마태복음 26장 4절에서 예수님은 "이제는 자고 쉬라."라고 하셨는데, 이 말은 기도할 때가 지났다는 말입니다. 소 잃고 외양간 고치는 어리석음을 범해서는 안 됩니다. 조금 힘들고 피곤하더라도 기도에 힘써야 합니다. 그것이 영적으로 무장하는 길이고, 어려움을 예방하는 길입니다. 우리가 기도하지 않는 근본적인 이유는 교만하기 때문입니다. 교만은 '어떤 일을 자신의 힘으로 할 수 있다.'라고 여기는 것입니다. 영적으로 교만한 자는 어려움이 생겨도 기도하지 않습니다. 진정으로 겸손한 자는 사사로운 일에도 기도합니다.

오직 주님의 마음으로 살려는 신실하고 귀한 목사님이 계셨습니다. 하루는 교인 한 분이 과일 상자를 들고 와서 "기도해 주셔서 어려운 문제가 해결되었어요."라고 감사의 인사를 전했습니다. 그런데 목사님은 정작 그 교인의 기도 부탁을 까맣게 잊어버렸습니다. 목사님은 교인의 감사를 받기 너무 미안하였고, 과일 상자는 더욱 받을 수 없었습니다. 그래서 솔직히 말씀드렸습니다.

"성도님, 저 솔직히 성도님을 위하여 기도하지 않았습니다. 기도 부탁을 잊고 있었습니다. 너무 미안합니다. 그러니 제게 감사하지 않아도 됩니다. 이 과일 상자도 도저히 받을 수 없습니다. 그냥 가져가세요"

교인은 매우 당황하여 "그래도 한 번이라도 기도해 주셨을 것 아니에요." 라고 말했습니다. 목사님은 교인에게 다시 대답했습니다.

"아니, 한 번도 기도하지 않았습니다. 너무 미안합니다..."

교인은 과일 상자를 놓고 갈 수도 없고, 다시 가져갈 수도 없었습니다. 안 절부절하던 교인은 "몰라요, 기도해 주셨을거예요."라고 말하고 황급히 갔습니다.

이런 정직함이 있어야 진정한 주의 종입니다.

육신의 연약함이나 환경에 억눌리지 않기 위해 기도해야 한다

성도가 기도해야 하는 두 번째 이유는 육신이 약하기 때문입니다. 마태복음 26장 41절에서 예수님은 "마음에는 원이로되 육신이 약하도다"라고 했습니다. 이 말씀은 기도하지 않는 성도가 흔히 핑계로 사용하는 말씀입니다. 마음은 기도하고 싶지만 육신이 약해서 기도하지 못하는 것은 예수님도 인정해주신다는 것입니다. 그러나 이 말씀의 진정한 의미는 정반대입니다. 마음과 의지가 아무리 강해도 육신이 약하면 스스로의 힘으로는 기도할 수 없다는 뜻입니다. 아무리 피곤하더라도 하나님을 의지해서 기도하기를 멈추지 않아야 합니다.

기도하지 않고 잠들었던 예수님의 제자들은 십자가 앞에서 모두 도망갔습니다. 한 명은 벌거벗은 채 도망갔고, 베드로는 세 번이나 예수님을 부인했습니다. 그때마다 예수님은 기도하셨던 십자가를 향해 담대하게 걸어가셨습니다.

일어나라 함께 가자 보라 나를 파는 자가 가까이 왔느니라 마태복음 26장 46절

형편과 여건에 따라 기도해서는 안 됩니다. 마귀는 우리의 약점을 잘 알고 있기에 우리를 어려운 형편으로 계속 몰아갑니다. 성경에는 형편이 좋아서 기도한 예도 없고, 그렇게 해서 역사가 일어난 예도 없습니다. 좋지 않은 형편에 있을지라도 영적인 숨통이 열릴 때까지 끝까지 매달리면, 어느 순간 기도의 문이 열리는 것을 경험할 수 있습니다. 기도를 방해하는 영적인 세력이 꺾이기 때문입니다.

기억하기

1. 힘들어도 기도해야만 하는 이유가 있다.

   그리스도인들은 영적으로 승리하기 위해 언제나 기도해야 한다. 성경은 성도가 기도해야 하는 이유를 명백히 말하고 있다.

2. 시험을 이기고 영적으로 무장하기 위해 기도해야 한다.

   기도할 때 영적인 분별을 통해 시험을 이길 수 있고, 다가올 어려움에도 흔들리지 않는 영적 무장을 할 수 있다.

3. 육신의 연약함이나 환경에 억눌리지 않기 위해 기도해야 한다.

   우리 육신의 연약함과 환경, 그리고 형편에 얽매이지 않기 위해서는 하나님을 의지하여 열심히 기도해야 한다.

1. 요즘 나의 기도생활에 부흥과 열매가 있습니까?

....

....

....

....

2. 기도를 방해하는 가장 큰 장애물은 무엇입니까?

....

....

....

....

공동체기도

1. 기도로 깨어있게 하시고, 시험을 이기는 삶을 살게 하소서.

2. 기도의 문이 열리고 기도의 능력을 얻게 하소서.

Week 24

문제 앞에 믿음으로 서라

찬양

찬송가 : [542장] 구주 예수 의지함이
복음성가 : 주님 제 마음이 너무 둔해서(믿음이 없이는)

기도

마음열기

어떻게 사는 것이 믿음으로 사는 삶이라고 생각합니까?

말씀

믿음이 없이는 하나님을 기쁘시게 하지 못하나니 하나님께 나아가는 자는 반드시 그가 계신 것과 또한 그가 자기를 찾는 자들에게 상 주시는 이심을 믿어야 할지니라 히브리서 11장 6절

믿음으로 살면 삶의 문제를 대하는 태도가 달라진다

예수님을 믿고 사는 것은 엄청난 복입니다. 사람들은 어려서부터 극심한 경쟁과 좌절, 상처 속에 살아갑니다. 그 모습이 안타깝고 애처로울 정도입니다. 누구나 다 열심히 살지만 누구나 다 행복하지는 못합니다. 그러나 예수님을 영접한 사람에게는 새로운 삶의 길이 있습니다. 바로 믿음으로 사는 길입니다. 믿음으로 산다는 것은 마음에 평안이 있다는 것이고 이것이야 말로 구원받은 자, 행복한 자의 삶입니다.

수고하고 무거운 짐 진 자들아 다 내게로 오라 내가 너희를 쉬게 하리라 마태복음 11장 28절

안타깝게도 많은 그리스도인이 믿음으로 살지 못합니다. '교회에 다니는 것'과 '믿음으로 사는 것'은 분명히 다릅니다. 사무엘상 17장에는 블레셋의 장수 골리앗이 이스라엘과 사울의 군대를 능멸하는 이야기가 나옵니다. 사울은 골리앗을 무찌르겠다고 나서는 다윗을 향해 "네가 가서 저 블레셋 사람과 싸울 수 없으리니 너는 소년이요 그는 어려서부터 용사임이니라(삼상 17:33)"라고 말합니다. 그러나 다윗은 골리앗을 향하여 "오늘 여호와께서 너를 내 손에 넘기시리니 내가 너를 쳐서 네 목을 베고(삼상 17:46)"라고 말합니다. 정말 터무니없는 말이지만 다윗은 용기 있고 확신에 차 있었습니다.

사실 사울과 다윗 앞에 있는 문제는 동일했습니다. 그러나 문제를 대하는 자세는 전혀 달랐습니다. 사울은 하나님을 믿으면서도 골리앗을 두려워했고, 다윗은 하나님을 믿으므로 골리앗을 전혀 두려워하지 않

았습니다. 문제는 동일하지만 믿음이 달랐던 것입니다.

한 목사님이 필리핀 선교지를 방문했다가 현지 교회에서 예배를 드리게 되었습니다. 그런데 예배 순서에 헌금 시간이 없었습니다. 이상하다는 생각이 들어 선교사님에게 왜 헌금 시간이 없는지 물었습니다. 선교사님은 "교인들 형편이 너무 어려워서 헌금 이야기를 꺼낼 수가 없습니다. 헌금을 하라고 하면 대부분 교회에 안 나올거예요."라고 대답했습니다.

현지 교인들이 예배에 나오는 주된 목적이 한국 교회에서 보내 주는 구호 물품을 얻기 위함이라는 것을 알고는 있었지만 그래도 예배 때 헌금을 드리지 않는 것은 이해되지 않았습니다. 목사님은 선교사님에게 "그렇더라도 선교사님은 헌금을 하셔야 하지 않습니까? 혹시 십일조는 하고 계시나요?"라고 조심스럽게 물었습니다. 선교사님은 "아뇨, 못하고 있습니다. 왜죠? 한국에서 보내주시는 선교비가 충분하지 않고, 그것조차 정기적으로 오지 않아서 매달 생활하기도 빠듯하거든요."라고 답했습니다. 대답을 들은 목사님은 기가 막히고 답답했지만 선교사님을 책망할 수 없어 이렇게 말했습니다.

"선교사님이 그렇게 하시면 현지 교인들이 십일조와 헌금에 대해 어떻게 배우겠습니까? 이제 선교사님부터 무조건 십일조도 드리고 헌금도 하십시오. 그러고 나서 모자라는 부분이 있으면 저에게 연락하십시오. 얼마가 되었든 제가 채워드리겠습니다."

그리고 목사님은 한국으로 돌아왔습니다. 그러나 선교사님에게 아무 연락이 오지 않았고, 목사님도 그 사실을 잊었습니다. 이듬해 다시 그 선교사님을 만나게 되었습니다. 목사님은 그때 생각이 나서 선교사님에게 "왜 그동안 한 번도 연락을 안 하셨습니까?"라고 물으니, 선교사님은 이렇게 답했습니다.

"사실 목사님의 말씀을 듣고 마음이 찔려서 그날부터 십일조와 헌금을 드렸습니다. 그런데 이상하게도 생활비가 전혀 모자라지 않았습니다. 제가 먼저 십일조와 헌금을 하고 교인들에게 가르치자 교인들 역시 아주 적은 물질이지만 헌금을 하기 시작했습니다. 아직 풍족하지는 않지만 조금씩 자립할 수 있겠다는 희망이 보입니다. 정말 감사합니다. 목사님께서 저의 연약한 믿음을 굳세게 해주셨습니다."

어려울수록 진리의 말씀 앞에 믿음으로 서야 한다

많은 성도가 하나님을 믿는다고 하지만 사실은 재물, 명예, 권력, 지식 등을 하나님보다 더 의지합니다. 이것이 하나님이 우리 삶에서 그토록 침묵하신 이유입니다. 요한일서 5장 4절에서 그리스도인이 세상을 이기는 길은 '믿음'이라고 했습니다. 그리스도인들이 살아가면서 때때로 어렵고 힘든 문제를 만나도 담대할 수 있고 감사한 이유는 믿음이 있기 때문입니다.

… 오직 하나님은 미쁘사 너희가 감당하지 못할 시험 당함을 허락하지 아니하시고 시험 당할 즈음에 또한 피할 길을 내사 너희로 능히 감당하게 하시느니라 고린도전서 10장 13절

… 하나님을 사랑하는 자 곧 그의 뜻대로 부르심을 입은 자들에게는 모든 것이 합력하여 선을 이루느니라 로마서 8장 28절

성도에게는 이 말씀 외에도 궁극적인 승리와 복 주실 것을 약속하는 말씀이 수없이 주어졌습니다. 어려울수록 더욱 진리의 말씀 앞에 서야 합니다. 그 진리는 '예수님이 우리 안에 계신다.'라는 것입니다. 우리와 항상 함께하시는 예수님을 바라보면 자연스레 믿음은 커지고 염려와 걱정은 사라집니다.

간혹 상황이나 환경으로 하나님의 사랑을 판단하려는 사람이 있습니다. 일이 잘되고 편안하면 하나님이 나를 사랑하신다고 생각하고, 반대로 시험이 오고 고난이 닥치면 하나님이 나를 사랑하시지 않는다고 생각합니다. 그러나 하나님의 사랑을 환경이나 직면하는 문제들로 판단해서는 안 됩니다. 믿음으로 사는 사람이라면 자신을 향한 하나님의 사랑이 십자가에서 이미 확증되었음을 믿어야 합니다.

기억하기

1. 믿음으로 살면 삶의 문제를 대하는 태도가 달라진다.

   믿음으로 사는 사람은 세상의 걱정과 염려에 얽매이지 않고 예수님 안에서 평안과 행복을 누리는 삶을 살게 된다.

2. 어려울수록 진리의 말씀 앞에 믿음으로 서야 한다.

   진리의 말씀을 붙잡으면 어려운 환경이나 문제에 직면해서도 하나님의 사랑을 확신하며 감사할 수 있다.

1. 어려운 문제에 직면했을 때 가장 먼저 생각나는 것은 무엇입니까?

....

....

....

....

2. 나는 믿음으로 살고 있습니까?

....

....

....

....

공동체기도

1. 하나님을 믿으면서도 다른 것을 더 의지했음을 용서하소서.

2. 십자가에서 확증된 하나님의 사랑을 확신하게 하소서.

Week 25

당신은 믿음으로 사는가

찬양

기도

마음열기

평소 나의 얼굴은 어떤 표정을 하고 있습니까? 옆 사람에게 물어봅시다.

말씀

사람이 마음으로 믿어 의에 이르고 입으로 시인하여 구원에 이르느니라 로마서
10장 10절

믿음은 하나님이 주신 모든 은혜를 누릴 수 있는 권리다

십자가 복음을 듣고 회개하고 예수님을 그리스도로 믿으면, 죄 사함을 받고 하나님의 자녀가 됩니다. 우리가 이렇게 확신할 수 있는 이유는 '믿음' 때문입니다. 하나님은 누구든지 예수님을 구주로 믿으면 구원해 주시겠다고 말씀으로 약속하셨습니다.

영접하는 자 곧 그 이름을 믿는 자들에게는 하나님의 자녀가 되는 권세를 주셨으니 요한복음 1장 12절

사람이 마음으로 믿어 의에 이르고 입으로 시인하여 구원에 이르느니라 로마서 10장 10절

이처럼 구원은 믿음으로 얻지만, 믿음으로 얻는 것이 구원만 있는 것은 아닙니다. 하나님이 우리에게 주시는 모든 은혜를 누리는 것도 구원의 원리와 동일합니다. 예를 들면 구원에 대한 믿음은 있지만 치유하심에 대한 믿음이 없어서 치유받지 못하는 이들이 있습니다. 우리가 치유의 은혜를 누리려면 우리의 병을 대신 지시겠다는 약속의 말씀을 믿음으로 붙잡아야 합니다.

그가 찔림은 우리의 허물 때문이요 그가 상함은 우리의 죄악 때문이라 그가 징계를 받으므로 우리는 평화를 누리고 그가 채찍에 맞으므로 우리는 나음을 받았도다 이사야 53장 5절

이는 선지자 이사야를 통하여 하신 말씀에 우리의 연약한 것을 친히 담당하시고 병을 짊어지셨도다 함을 이루려 하심이더라 마태복음 8장 17절

어떤 성도는 구원의 믿음은 있는데 기도 응답에 대한 믿음은 없습니다. 어떤 성도는 승리에 대한 확신이 없습니다. 또 어떤 성도는 복에 대한 믿음이 없습니다. 그러나 하나님은 우리에게 구원을 약속해주셨을 뿐만 아니라 기도에 응답해주실 것도 약속하셨습니다. 승리와 복을 모두 약속하셨습니다. 그 약속의 말씀을 믿을 때, 우리는 하나님이 약속하신 모든 은혜를 실제로 누릴 수 있습니다. 믿음으로 하나님이 약속하신 은혜를 누리는 것, 그것이 기독교입니다.

믿음은 살아 계신 하나님을 세상에 보여주는 거울이다

우리가 믿음으로 행할 때, 살아 계신 하나님이 세상에 증거됩니다. 우리가 믿음으로 순종하면 하나님은 그분만이 하실 수 있는 일들을 하십니다. 하나님은 믿음을 가진 우리를 통해 일하십니다. 하나님께 순종하고자 하는 사람은 기도에 힘씁니다. 사람의 판단과 생각으로는 불가능해 보이는 일을 해야 할 때가 많기 때문입니다. 우리가 기도의 자리에 나가면 그때부터 하나님은 일을 시작하시고 기적을 일으키시며 간증을 만들어내십니다.

우리가 정말 하나님을 믿게 되면 세상 사람들이 알게 됩니다. 그 대표적인 증거가 표정과 분위기입니다. 믿음으로 사는 성도의 얼굴을 보면 그 어떤 사람보다 부자인 사람처럼 보입니다. 그 삶에는 평안과 감사가

넘치기 때문입니다. 이처럼 믿음으로 사는 사람은 믿음의 증거가 삶의 모습에서도 나타납니다.

　　2007년 〈국민일보〉에 고 이상춘 장로님의 기사가 실린 적이 있었습니다. 그분은 30여 년간의 교정공무원 생활을 마친 뒤 다시 교도소를 찾아 재소자 전도에 헌신했습니다. 그러던 중 2006년 7월, 간암 3기 판정을 받았습니다. 그날 장로님은 병원을 나와 여주교도소로 향했습니다. 장로님은 '침상에서 고통스러운 치료를 받으며 죽음과 싸우는 것보다 마지막 남은 나의 심지를 불태워보자!'라고 결심하고 이렇게 기도했습니다.

　　"하나님, 저를 주의 뜻대로 하소서."

　　하나님은 암인 장로님을 통하여 놀라운 일을 행하셨습니다. 하나님은 많은 재소자를 사랑으로 돌보고 그들을 구원하는 통로로 장로님을 사용하셨습니다. 그리고 하나님이 주신 비전인 [소망교도소]가 설립되는 것을 보게 하신 후 하늘 나라로 부르셨습니다. 하나님은 암 말기이셨던 장로님께 암 환자 같지 않은 삶을 살게 하시면서 하나님의 역사하심을 보이셨습니다. 그러나 더 큰 기적도 있었습니다. 교정공무원 시절 굳어 있었던 그의 얼굴이 '미소 천사'로 바뀌었다는 것입니다.

　　성도에게는 두 가지의 감사와 찬송이 있습니다. 하나는 성공하기 전에 감사하는 것이고, 또 하나는 성공한 후에 감사하는 것입니다. 많은 성도가 결과를 보기 전에는 감히 "나는 이겼다!"라고 고백하지 못합니다. 그러나 우리가 하나님을 전적으로 믿으면 결과가 나오기 전에도 얼마든지 "나는 이겼다! 하나님, 감사합니다!"라고 고백할 수 있습니다.

예수님은 십자가에 달려 죽으시고 부활하셨습니다. 우리의 죄와 질고를 담당해 죽으셨으며 부활하심으로 완전한 승리를 이루셨습니다. 예수님의 십자가와 부활은 모든 죄와 저주, 실패에 대한 완전한 승리의 선언입니다. 예수님이 누구를 위하여 죽으셨습니까? 누구를 위하여 부활하시고 승리하셨습니까? 바로 우리를 위해서입니다. 그렇습니다. 예수님은 우리를 위하여 승리하셨습니다. 예수님의 승리가 곧 우리의 승리입니다. 이 사실을 분명히 믿는다면 우리는 결과와 상관없이 언제든지 "이겼다!"라고 고백할 수 있습니다. 여러분은 결과가 나오기 전까지 기다리는 사람입니까? 아니면 예수님이 주신 승리를 믿고 먼저 감사하는 사람입니까?

기억하기

1. 믿음은 하나님이 주신 모든 은혜를 누릴 수 있는 권리다.

   하나님은 믿는 자에게 구원뿐만 아니라 복과 승리의 은혜를 약속하셨다.

2. 믿음은 살아 계신 하나님을 세상에 보여주는 거울이다.

   믿음으로 행하면 하나님이 우리를 통해 일하시고 그분을 세상에 증거하는 역사가 일어난다.

1. 나의 얼굴에서 믿음을 볼 수 있습니까?

2. 나는 치유, 복 주심, 승리, 기도 응답 등 어떤 부분에서 믿음이 필요합니까?

공동체기도

1. 믿음을 통하여 살아 계신 하나님을 증거하는 삶을 살게 하소서.
2. 여건과 형편이 어떻든지 늘 감사하며 찬송하는 삶을 살게 하소서.

Week 26

어떻게 큰 믿음을 가질 수 있는가

찬양

찬송가 : [134장] 나 어느 날 꿈속을 헤매며

복음성가 : 주께 가오니 날 새롭게 하시고

기도

마음열기

10년 전과 비교했을 때, 자신의 믿음이 성장하고 있다고 생각합니까?

말씀

사도들이 주께 여짜오되 우리에게 믿음을 더하소서 하니 누가복음 17장 5절

하나님이 주시는 놀라운 믿음을 얻기 위한 조건이 있다

그리스도인이라면 자신의 믿음이 굳건하길 소망합니다. 그러나 모든 그리스도인이 굳건한 믿음을 가진 것은 아닙니다. '믿음'은 스스로 가질 수 있는 것이 아니라 하나님이 주셔야만 가능한 것입니다. 믿음은 하나님만이 주실 수 있는 놀라운 은혜이자 선물입니다. 누구에게나 믿음을 얻을 기회는 있지만 믿음을 선물로 받기 위해서는 몇 가지 조건이 필요합니다.

첫째, 큰 믿음을 구해야 합니다.

누가복음 17장 5절에서는 "사도들이 주께 여짜오되 우리에게 믿음을 더하소서"라며 예수님께 믿음을 구하는 제자들의 모습이 나옵니다. 우리도 먼저는 자신의 믿음 없음을 깨닫고, 하나님께 믿음을 구해야 합니다.

둘째, 믿음으로 살지 못했음을 회개해야 합니다.

믿음을 가지려면 자신이 믿음으로 살지 못했던 것을 깨닫는 대로 분명히 회개해야 합니다. 그릇이 비워져야 새로운 것을 채울 수 있듯이, 하나님께서 우리에게 믿음을 허락하시려면 회개함으로 먼저 주님께 나아가야 합니다. 그래야 새로운 삶이 가능해지기 때문입니다.

셋째, 믿음은 말씀 위에 뿌리내려려 합니다.

여호수아 1장에는 모세를 대신하여 이스라엘 백성을 이끌고 가나안 땅으로 들어가야 하는 여호수아가 두려워 떠는 모습이 나옵니다. 그때 하나님은 여호수아에게 "두려워하지 말라."라고 하셨습니다.

> 6 **강하고 담대하라** 너는 내가 그들의 조상에게 맹세하여 그들에게 주리라 한
> 땅을 이 백성에게 차지하게 하리라 7 **오직 강하고 극히 담대하여** 나의 종 모세
> 가 네게 명령한 그 율법을 다 지켜 행하고 우로나 좌로나 치우치지 말라 그리
> 하면 어디로 가든지 형통하리니 8 이 율법책을 네 입에서 떠나지 말게 하며
> 주야로 그것을 묵상하여 그 안에 기록된 대로 다 지켜 행하라 그리하면 네 길
> 이 평탄하게 될 것이며 네가 형통하리라 9 내가 네게 명령한 것이 아니냐 **강하
> 고 담대하라 두려워하지 말며** 놀라지 말라 네가 어디로 가든지 네 하나님 여호
> 와가 너와 함께 하느니라 하시니라 여호수아 1장 6-9절

하나님이 여호수아에게 두려워하지 말라고 반복적으로 말씀하신 이
유는, 믿음을 잃고 두려워하는 자를 통해서는 아무것도 이루실 수 없기
때문입니다.

스탠리 존스E. Stanley Jones는 생애의 대부분을 인도에서 선교 활동을 하며 보
냈습니다. 그의 책 《하나님의 예스》(The Divine Yes)는 스탠리 선교사가 69세
때 선교지에서 중풍에 걸려 본국으로 돌아왔을 때 쓴 것입니다. Divine Yes
란, 하나님의 말씀에 대하여 언제든지 "예"라고 긍정적으로 대답하는 것을
말합니다. 하나님의 말씀에는 언제나 "예"로 답하는 것, 그것이 믿음입니다.
그는 중풍으로 누워있으면서도 간호사에게 이렇게 부탁했다고 합니다.
"아침에 나를 보러 올 때 '굿모닝' 하지 말고 '나사렛 예수의 이름으로 명
하노니 자리에서 일어나라'라고 말해주겠어요?"

스탠리 선교사는 매일 "일어나라"라는 주님의 말씀을 듣고 싶었던 것입니다. "나사렛 예수의 이름으로 명하노니 자리에서 일어나라!"라는 말씀이 귀에 확실하게 들려오기를 기다렸습니다. 간호사는 황당하기도 하고 어색하기도 했지만 환자의 부탁을 거절할 수가 없어 매일 아침 스탠리 선교사의 병실로 들어서면서 큰 소리로 외쳤습니다.

"나사렛 예수의 이름으로 명하노니 자리에서 일어나라!"

그는 연로하여 일어나기 힘들 것이라는 의료진의 예측을 뒤엎고 5개월 만에 자리를 털고 일어났습니다. 그 후로도 20년 동안 건강하게 사역하다가 하나님의 부르심을 받았습니다.

믿음은 자신의 생각, 경험, 지혜와 같은 것을 믿는 것이 아니라 하나님의 말씀을 믿는 것입니다. 또한 믿음은 기분과도 별개입니다. 애굽으로 팔려 가는 요셉의 기분은 어땠을까요? 사자 굴 앞에서 다니엘의 기분은 어땠을까요? 반대로 소돔으로 이사 가는 롯이나, 아말렉과 전쟁에서 이기고 많은 짐승을 끌고 돌아오는 사울 왕의 기분은 어땠을까요? 기분이나 느낌은 믿을 것이 못 됩니다. 우리는 기분이나 느낌이 아니라 오직 말씀을 믿고 말씀으로 판단하는 법을 알아야 합니다.

넷째, 믿음으로 말해야 합니다.

민수기 13장 25-33절에는 가나안 땅을 정탐하고 돌아온 정탐꾼들의 보고가 나옵니다. 여기서 우리가 주목해야 할 사실은 아무것도 아닌 것 같은 말이 가져오는 결과가 결코 작지 않다는 것입니다. 하나님은 부정적인 보고를 한 사람들과 그 보고를 듣고 낙심하여 모세를 원망하는 사람들에게 이렇게 말씀하셨습니다.

> 그들에게 이르기를 여호와의 말씀에 내 삶을 두고 맹세하노라 너희 말이 내
> 귀에 들린 대로 내가 너희에게 행하리니 민수기 14장 28절

부정적인 말, 불신의 말을 한 사람들은 하나님의 말씀대로 약속의 땅
에 들어가지 못하고 광야에서 죽었습니다. 오직 믿음으로 말한 여호수
아와 갈렙만 약속의 땅에 들어갈 수 있었습니다. 그러므로 우리는 믿음
으로 말하는 법을 배워야 합니다.

다섯째, 믿음의 훈련을 기꺼이 받아야 합니다.

이것이 환란과 역경에도 감사해야 하는 이유입니다. 믿음은 성장합
니다. 우리가 믿음으로 살기 위해 애쓰면 10년, 20년 뒤에는 믿음이 자
라게 될 것입니다. 그러나 믿음으로 살지 않으면 결코 믿음은 자라지 않
습니다.

여섯째, 성령충만을 받아야 합니다.

성령충만하면 하나님을 바라보는 눈이 완전히 열려 확신에 거하게
됩니다. 그러므로 어떠한 문제에도 두려워하거나 염려하지 않게 됩니
다. 문제보다 더 크신 하나님을 믿고, 예수님이 항상 함께하심을 실제로
느끼고 체험하며 살기 때문입니다. 성령충만은 매 순간 성령께 반응하
며 사는 것입니다.

하나님이 주시는 놀라운 믿음을 얻기 위한 조건이 있다.

첫째, 큰 믿음을 구해야 한다.

둘째, 믿음으로 살지 못했음을 회개해야 한다.

셋째, 믿음은 말씀 위에 뿌리내려야 한다.

넷째, 믿음으로 말해야 한다.

다섯째, 믿음의 훈련을 기꺼이 받아야 한다.

여섯째, 성령충만을 받아야 한다.

1. 나는 큰 믿음을 갖기 위해 기도하고 있습니까?

....

....

....

....

2. 나의 입에서 나오는 말은 믿음에서 나오는 말입니까?

....

....

....

....

공동체기도

1. 하나님의 말씀을 절대적으로 확신할 수 있는 믿음을 주소서.
2. 믿음이 정체하지 않고 계속해서 성장하는 은혜를 주소서.

Week 27

염려하지 않고 사는 길

찬양

찬송가 : [588장] 공중 나는 새를 보라

복음성가 : 먼저 그 나라와 의를 구하라

기도

마음열기

요즘 가장 많이 하는 염려는 무엇입니까?

말씀

너희 염려를 다 주께 맡기라 이는 그가 너희를 돌보심이라 베드로전서 5장 7절

염려하는 것은 마귀의 전략이다

많은 사람이 미래에 대한 불안과 걱정 속에 살아갑니다. 염려함으로 상황이 좋아지거나 개선되면 얼마나 좋겠습니까? 마태복음 6장 27절에서 예수님은 "염려함으로 그 키를 한 자라도 더할 수 있겠느냐"라고 말씀합니다. 어떠한 문제도 염려함으로 해결할 수 있는 것은 아무것도 없습니다. 그런데도 많은 사람이 염려를 놓지 못하고 살아갑니다.

누가복음 21장 34절에서도 말세에 성도가 특별히 조심해야 할 것으로 '방탕함과 술취함과 생활의 염려'를 말하고 있습니다. 어떻게 염려하지 않고 살 수 있냐고 반문할 수도 있지만 우리가 알아야 할 것은 그 사람이 믿음으로 사는지 아닌지를 구별하는 기준이 '염려'라는 것입니다. 그래서 '믿음'의 반대말은 '불신'이 아니라 '염려와 근심'입니다. 믿음이 존재하는 곳에는 염려와 근심이 존재할 수 없습니다.

예수님은 우리를 고아로 버려두지 않겠다고 하셨습니다(요 14:18). 고아는 어떤 문제에 맞닥뜨리면 누구의 도움도 없이 혼자 염려합니다. 이말은 염려하는 그리스도인은 하나님의 자녀가 아니라는 말과 같습니다. 우리가 개인적인 일로 염려에 시달리면 하나님 나라를 위해서 아무것도 할 수 없습니다. 우리의 힘은 한정되어 있기에 개인의 문제로 염려가 가득하면 하나님 나라를 위하여 일할 여력이 없어집니다. 염려는 우리가 하나님 나라에 집중하지 못하게 하는 사탄의 전략입니다.

하나님을 체험하면 염려는 저절로 맡겨진다

그렇다면 그리스도인은 이 '염려'의 문제를 어떻게 다뤄야 할까요?

염려를 내려놓으려면 염려의 문제가 무엇인지 정확히 알아야 합니다. 끊임없이 염려하는 사람들을 보면, 일부러 염려하려고 애쓰지 않습니다. 염려는 저절로 되기 때문입니다. 이처럼 우리의 삶에서 노력하지 않아도 저절로 되는 것은 대부분 악한 것입니다. 염려 또한 인간의 타락한 본성에서 나오는 것입니다.

베드로전서 5장 7절의 "염려를 주께 맡긴다."라는 말씀은 하나님을 체험하고 더 깊이 알아간다는 의미를 담고 있습니다. 염려하지 않으려고 노력하기보다 위대하신 하나님, 좋으신 하나님을 더 깊이 알도록 노력해야 합니다. 하나님의 성품과 능력을 머리로만 알 때는 염려를 하나님께 맡기기 어렵지만, 그분을 체험하는 순간 염려는 자연스럽게 주님께 맡기게 됩니다.

예수전도단 사역자들은 매일의 생활비를 전적으로 하나님께 의존하며 살아갑니다. 그들도 처음에는 그렇게 사는 것이 매우 무거운 짐처럼 여겨졌습니다. 그러나 예수전도단 사역이 급속히 세계로 퍼져갈 수 있었던 비결은 매 순간 하나님을 의지했기 때문이었습니다. 예수전도단 창시자인 로렌 커닝햄 *Loren Cunningham*은 "하나님은 왜 이렇게 일하게 하시는가? 그 이유는 우리가 전적으로 하나님을 의지함으로써, 하나님이 실재하심을 매 순간 확신케 하시려는 것이다."라고 했습니다. 실제로 예수전도단 사역자들은 라틴아메리카에서 마르크스주의자와 부딪히든지, 유럽에서 지성인들의 무관심에 부딪히든지, 여러 악조건의 환경 속에서 사역할 때 사람이 떡으로만 살지 않고 말씀으로 산다는 것(신 8:2-3)을 체험했습니다. 또한 하나님은 전심으로 하나님을 향하는 자를 위해 능력을 베푸신다는 것(대하 16:9)을 체험하였습니다.

염려가 생기면 주님을 먼저 의지해야 합니다

어떻게 염려하지 않고 주님을 의지하며 살 수 있을까요?

첫째, 염려가 사라지기까지 주님을 바라봐야 합니다.

누가복음 10장 38-42절에서 '마르다'라는 여인이 등장합니다. 마르다는 예수님을 대접하려고 열심히 준비했습니다. 그러나 그 마음에는 염려가 가득했습니다. 그녀는 준비하는 일에 마음을 빼앗겨 주님을 바라보지 못했고, 주님과의 교제를 잃어버렸습니다. 그것이 그녀가 염려하게 된 원인이었습니다.

많은 그리스도인이 "믿음을 갖고 싶으나 믿음이 생기지 않는다."라고 말합니다. 그 이유는 십자가의 복음으로 예수님을 바라보지 않기 때문입니다. 예수님을 바라보고 사는 사람에게는 신앙생활만큼 쉬운 것이 없습니다. 먹고사는 문제, 건강 문제, 자녀 문제, 장래 문제 등 모든 문제를 주님께 맡기고 살 수 있습니다. 모든 문제를 주님께 맡기면 마음에 평안함과 기쁨이 찾아옵니다.

둘째, 염려가 생길 때 기도해야 합니다.

삶의 문제로 염려가 찾아올 때, 믿음으로 기도하고 순종하면 전능하신 하나님을 더 깊이 체험할 수 있습니다. 요한복음 2장에 나오는 가나의 혼인 잔치에서 예수님의 어머니 마리아는 "이 집에 포도주가 떨어졌다."라고 말하고 염려스러운 상황을 예수님께 온전히 맡겼습니다. 그리고 종들에게는 예수님이 시키시는 대로 하라고 당부했습니다. 삶에서 염려가 생길 때는 마리아처럼 우리의 상황을 하나님께 아뢰고 맡기면

되는 것입니다.

셋째, 염려가 생길 때 먼저 하나님 나라를 위해 힘써 일해야 합니다.
예수님은 마태복음 6장 33절에서 "먼저 그의 나라와 그의 의를 구하라 그리하면 이 모든 것을 너희에게 더하시리라."라는 약속의 말씀을 주셨습니다. 염려나 근심이 있을 때 먼저 하나님 나라를 위해 힘써 일하면 하나님이 우리의 문제를 해결해주십니다.

기억하기

1. 염려하는 것은 마귀의 전략이다.
   개인 문제로 염려하고 근심하면 하나님 나라 일에 집중할 수 없다.

2. 하나님을 체험하면 염려는 저절로 맡겨진다.
   하나님의 놀라운 능력을 알고 체험하며 사는 사람은 자신의 모든 염려를 주님 앞에 맡긴다.

3. 염려가 생길 때 먼저 주님을 의지해야 한다.
   첫째, 염려가 사라지기까지 주님을 바라봐야 한다.
   둘째, 염려가 생길 때 기도해야 한다.
   셋째, 염려가 생길 때 먼저 하나님 나라를 위해 힘써 일해야 한다.

1. 내가 가장 많이 염려하는 것은 무엇입니까?

2. 내가 하나님 나라를 위해 힘쓰는 것이 있다면 무엇입니까?

공동체기도

1. 하나님과 하나님의 사랑을 더 깊이 체험하게 하소서.
2. 염려로 삶을 소비하지 말고, 기도로 주님을 바라보는 삶을 살게 하소서.

Week 28

죽음을 내다보는 눈

찬양

찬송가 : [413장] 내 평생에 가는 길
복음성가 : 내 모든 것 나의 생명까지(주 임재 안에서)

기도

마음열기

유언장을 쓴다면 가장 먼저 생각나는 것이 무엇입니까?

말씀

한 번 죽는 것은 사람에게 정해진 것이요 그 후에는 심판이 있으리니 히브리서 9장 27절

죽음을 인식할 때 인생에서 가장 소중한 것을 깨닫게 된다

많은 사람이 '죽음'에 대하여 생각하기를 회피하고 꺼려합니다. 그러나 죽음을 마주하고 인식하게 될 때 우리의 삶이 완전히 새롭게 보인다는 사실을 알아야 합니다. 잔칫집보다 장례식에 가라고 말하는 이유도 장례식에 참석해보면 깨닫는 것이 많기 때문입니다. 특히 그리스도인들은 자신의 죽음을 직시할 줄 알아야 합니다. 죽음 자체가 중요한 것이 아니라, 죽음을 통해서 우리에게 무엇이 소중한지를 깨닫게 되기 때문입니다.

사람들에게 삶에서 가장 소중한 것이 무엇인지 묻는다면 대부분 돈, 명예, 권력, 건강, 일 등을 말할 것입니다. 이것들이 우리의 삶에서 필요한 것이지만 결코 가장 중요하고 소중한 것은 아닙니다. 누가복음 12장 20절에서 하나님은 부자에게 "어리석은 자여"라고 말씀하십니다. 그는 죽음의 문제를 생각하지 못하고 살았기 때문입니다. 우리가 죽음을 인식하게 되면, 우리의 삶은 완전히 새롭게 보입니다.

마산의 한 교회에서 부목사로 5년째 섬기던 목사님이 있었습니다. 목사님은 부목사를 한지 5년째 되던 해에 담임목회를 위해 기도하기 시작했습니다. 그런데 어느 날 손등에 생긴 부스럼을 발견하고 정밀검사를 받아보니 피부암이었습니다. 결국 항암치료를 받아야 했고 담임목회의 꿈은 물거품이 되었습니다.

그렇게 항암치료를 받으며 지내던 어느 날, 한 교회에서 설교 요청이 들어왔습니다. 그 교회의 담임목사가 미국으로 유학을 떠나면서 친구인 그를 후임자로 추천한 것입니다. 교인들은 담임목사가 추천한 목사가 온다는 사실에 잔뜩 기대했습니다. 그러나 교인들은 주일에 나타난 목사의 모습을 보고 크게 실망했습니다. 머리카락은 다 빠지고 뼈만 앙상하게 남은 영락없는 암 환자의 모습이었기 때문입니다.

교회에서는 다시 담임목사 청빙위원회가 열렸습니다. 그런데 한 교인이 그를 담임목사로 모시자는 의견을 냈습니다. 다들 "어떻게 암 환자를 담임목사로 모십니까?"라며 놀랐습니다. 그는 "저는 예배 때 이전에 경험하지 못했던 은혜를 받았습니다. 비록 암 환자이시지만 한 주 설교를 듣고 장례를 치러드리더라도 우리 교회는 복 받은 것 아니겠습니까?"라고 말했습니다.

한 교인의 말로 누구라고 할 것 없이 모두 큰 은혜를 받았습니다. 온 교인이 눈물로 회개하며 말씀으로 새로워지기로 결정했습니다. 교회는 목사님께 담임목회 청빙서를 보냈습니다. 청빙서를 받아든 목사님은 눈물을 흘렸습니다. 청빙받은 목사님은 사모님과 함께 기도원으로 들어가 금식기도를 했습니다. 사실 목사님과 사모님은 자신들의 처지를 누구보다 잘 알고 있었기 때문에 그 교회를 가지 않으려 했습니다. 다만 교인들의 마음이 고마워서 그 교회에 훌륭한 목회자를 보내달라고 기도하러 기도원을 간 것입니다. 그런데 금식하며 기도하는 중에 하나님이 큰 은혜를 베푸셨습니다. 암이 치유되는 역사가 일어났습니다. 결국 목사님은 병이 치유된 것을 하나님의 계시로 여기고 감사하는 마음으로 교회의 청빙을 받아들였습니다.

암 환자인 목사가 설교하면 '마지막'이라고 생각하니 많은 영감을 얻었을 것입니다. 꼭 전해야 할 말씀, 정말 중요한 말씀이 무엇인지 깨닫게 됩니다. 사람들이 유언장을 쓸 때 가장 많이 쓰는 말은 "미안해요. 용서해 주세요."와 "사랑해요." 두 가지라고 합니다. 이것이 의미하는 것은 우리가 죽을 때가 되어서야 비로소 가장 소중한 사람이 누구인지 그리고 그 소중한 사람을 얼마나 소홀히 하고 살았는지 깨닫게 된다는 뜻이기도 합니다. 반면, 평소에 고민하고 안타까워했던 문제들은 유언장을 쓸 때는 전혀 생각나지 않습니다. 그 말은 우리가 평소에 중요하지도 않은 문제들에 매여 살았다는 것입니다.

죽음을 내다보는 사람만이 후회 없는 삶을 살 수 있다

'우리는 결국 죽는다.' 이 사실만 직시해도 인생을 바라보는 우리의 시각은 달라집니다. 진짜 지혜는 죽음을 바라보는 순간 생깁니다. 죽음을 내다보지 못하는 사람은 어리석은 사람입니다. 죽음에 이르러서야 소중하고 가치 있는 것을 깨닫는다면 이 얼마나 안타까운 일입니까? 후회하지 않는 삶을 살고 싶다면 평소에도 죽음을 내다보는 눈을 가져야 합니다. 이것이 소망에 눈뜨는 방법입니다. 히브리서 9장 27절에서 "한 번 죽는 것은 사람에게 정해진 것이요 그 후에는 심판이 있으리니"라고 했습니다. 죽음을 준비하고 있습니까? 여러분은 마지막에 누구를 부르시겠습니까?

1. 죽음을 인식할 때 인생에서 가장 소중한 것을 깨닫게 된다.

   사람들은 죽음을 생각하기 싫어하지만 죽음을 제대로 인식할 때 소중한 인생을 살게 된다.

2. 죽음을 내다보는 사람만이 후회 없는 삶을 살 수 있다.

   평소에 죽음을 준비하는 사람은 인생의 소망을 누리며 새롭고 가치 있는 삶을 살 수 있다.

나눔

1. 지금 나에게 가장 소중한 것은 무엇입니까?

2. 죽음이 임박했을 때 후회하지 않는 삶을 살았다고 고백할 수 있습니까?

공동체기도

1. 온전한 믿음으로 하나님을 기쁘시게 하는 삶을 살게 하소서.
2. 내 안에 있는 믿음의 장애물들이 십자가의 능력으로 깨끗이 사라지게 하소서.

Week 29

흔들리지 않는 소망

찬양

기도

마음열기

천국에 가면 가장 하고 싶은 것이 무엇입니까?

말씀

천국은 마치 밭에 감추인 보화와 같으니 사람이 이를 발견한 후 숨겨 두고 기뻐
하며 돌아가서 자기의 소유를 다 팔아 그 밭을 사느니라 마태복음 13장 44절

천국을 소망하면 세상에 집착하지 않는다

우리가 예수님을 믿고 받은 복 중에 가장 귀한 것은 천국을 소유한 복입니다. 성도에게는 천국이 예비 되어 있기에 죽는 것도 복됩니다. 마태복음 13장 44절에서 예수님은 천국의 복이 얼마나 기쁘고 귀한 것인지 '밭에 감춰진 보화를 발견한 농부'에 비유하셨습니다. 천국을 소유한 사람의 심정은, 농부가 밭에 감춰진 보화를 발견하고 모든 재산을 팔아 그 밭을 산 것과 같다는 것입니다. 그 정도로 기쁘고 만족스럽다는 뜻입니다.

하지만 죽음에 대한 눈이 열리고도 죽음을 두려워하는 사람들이 있습니다. 사망 권세에 사로잡혀 있어서 그렇습니다. 히브리서 2장 15절에서 예수님이 오신 것은 "죽기를 무서워하므로 한평생 매여 종노릇하는 모든 자들을 놓아 주려 하심"이라고 했습니다. 그러므로 단순히 죽음에 대한 눈이 열린 것만으로 '소망의 사람'이 되었다고 할 수는 없습니다. 진정한 소망의 사람은 천국을 바라보는 눈이 열린 사람입니다. 만약 우리가 단 한 번이라도 천국을 구경한다면 이 세상은 한순간에 지옥처럼 여겨지고 잠시라도 더 살고 싶지 않을 것입니다.

천국을 소망하면 세상이 다르게 보인다

"새(鳥)눈으로 본다."라는 말이 있습니다. 이것은 땅에서 보지 않고 새처럼 공중에 높이 올라가서 모든 것을 살펴본다는 뜻입니다. 높은 곳에 올라가서 보면, 모든 것이 땅에서 보는 것과 다르게 보입니다. 길을 지나가다 보면 굉장히 높은 건물이나 산이 있습니다. 그러나 비행기를 타고 위에서 내려다보면 아무것도 아닙니다. 한국에서 높다고 하는 한라산도 별것 아닌 것처럼 보입니다. 천국은 높은 곳입니다. 마찬가지로 천국에서 보면 큰 집에서 사는 것도 큰 의미가 없습니다. 키가 크니 작니 하는 것도 아무런 의미가 없습니다. 그러니 눈이 작거나 코가 납작하다고 해서 열등감을 가질 필요도 없습니다. 세상에서 문제라고 여기는 것이 천국에서는 아무것도 아니기 때문입니다.

예수님을 믿지 않아도 얼마든지 부자가 될 수 있습니다. 세상에서 성공한 것처럼 보일 수 있습니다. 그러나 그리스도인은 그들의 형통이 부럽지 않습니다. 그들에게는 천국이 없기 때문입니다. 마지막 날에 천국에 가지 못하고 지옥 간 사람을 잘 살았다고 말할 수는 없을 것입니다. 반면 그리스도인들은 천국의 시민권을 가진 사람들입니다. 소망이 있는 사람들입니다. 땅 위에서 보는 것과 비행기 위에서 보는 것이 다르듯이, 땅에 집착하며 사는 사람과 천국을 소망하며 사는 사람의 차이는 천양지차입니다. 그렇기 때문에 천국 시민권을 가진 그리스도인들은 천국을 향한 눈을 잃어버리지 않도록 노력해야 합니다.

천국을 소망하면 세상 유혹과 핍박에 흔들리지 않는다

하나님이 우리에게 천국에 대한 소망을 주시는 이유는 유혹과 핍박 앞에서 흔들리지 않게 하시기 위함입니다. 천국의 소망이 없는 사람은 작은 유혹에도 쉽게 흔들립니다. 훗날 천국에서 자신이 행한 일들을 설명해야 한다고 생각하지 못하기 때문입니다.

핍박 앞에서도 마찬가지입니다. 천국에 대한 소망이 없는 사람은 아주 작은 핍박에도 쉽게 무너집니다. 그러나 천국 소망이 있는 사람은 죽음을 무릅쓰고 핍박을 견뎌냅니다. 세상을 이기는 힘은 천국에 대한 확신에서부터 나옵니다. 그러므로 그리스도인들은 천국의 믿음을 분명히 가지고 있어야 합니다.

주기철 목사님을 고문하던 형사가 "너 때문에 모두가 어려움을 겪고 교회가 불태워지는 것이 옳으냐? 고집부리지 말고 무릎 꿇어 절하라! 성경에도 위에 있는 권세에 순복하라고 했다. 그런데 너는 왜 위에 있는 사람들의 명을 어기는가?"라고 윽박질렀습니다.

주기철 목사님은 "나는 이 나라의 법을 지킬 것입니다. 그러나 나는 이 땅의 시민이면서 하늘의 시민입니다. 먼저는 만주의 주시며 만유의 왕이신 하나님의 명령이 우선입니다. 그래서 하나님이 하지 말라고 하셨던 우상숭배는 하지 않을 것입니다. 모양이라도 내지 않을 것입니다. 그렇지만 이 땅의 백성이기도 하니 당신들의 법을 어긴 대가로 나를 죽이시오. 나는 죽음으로 당신들이 만든 법의 대가를 달게 받겠소!"라고 말했습니다.

소망은 온전한 삶과 성결한 삶 그리고 헌신의 삶을 살게 하는 능력입니다. 그래서 소망은 '흔들리지 않음'과 관련이 있습니다. 어떤 일이 있어도 믿음으로 사명을 굳게 지켜나가는 것입니다. 소망이 없는 자는 흔들립니다. 마귀의 공격을 견디지 못합니다. 그러나 천국 소망이 있으면 죽음도 두렵지 않습니다. 죄는 다시 돌아보기도 싫습니다. 이중적인 태도를 버리게 되고 나눠주는 일에 힘쓰게 됩니다. 사람들을 미워하거나 원수 맺을 이유도 자연히 사라집니다. 천국의 상급을 바라보기 때문입니다.

1. 천국을 소망하면 세상에 집착하지 않는다.

   천국을 바라보는 눈이 열리면 세상의 안락함보다 천국을 소유한 복에 기뻐하며 만족하게 된다.

2. 천국을 소망하면 세상이 다르게 보인다.

   천국을 보는 눈이 열리면 진정한 소망을 품게 되고, 하나님께 복음의 증인으로 쓰임 받는 삶을 살게 된다.

3. 천국을 소망하면 세상 유혹과 핍박에 흔들리지 않는다.

   천국을 바라보며 확신 가운데 사는 사람은 세상의 유혹과 핍박을 이겨낼 수 있다.

1. 지금 하나님의 부르심을 받는다면 천국 갈 확신이 있습니까?

....

....

....

....

2. 지금 하나님 앞에 선다고 생각할 때 두려운 것은 없습니까?

....

....

....

....

공동체기도

1. 죽음을 내다보는 눈이 열리게 하소서.
2. 하나님의 관점으로 세상을 보게 하소서.

Week 30

다가오는 하나님 나라

찬양

찬송가 : [412장] 내 영혼의 그윽히 깊은 데서

복음성가 : 천국은 마치 밭에 감추인 보화

기도

마음열기

하나님 나라와 세상 나라는 무엇이 다른지 나누어 봅시다.

말씀

나라가 임하시오며 뜻이 하늘에서 이루어진 것 같이 땅에서도 이루어지이다

마태복음 6장 10절

그리스도인은 삶 자체가 목적이 아니다

그리스도인에게는 죽어서 가게 될 천국을 바라보는 눈을 뜨는 것이 중요한 일입니다. 하지만 그보다 더 중요한 것은 다가오는 하나님 나라를 바라보는 눈이 뜨이는 것입니다. 예수님은 제자들에게 기도를 가르쳐 주셨습니다. 그 기도 중에 "나라가 임하시오며 뜻이 하늘에서 이루어진 것 같이 땅에서도 이루어지이다(마 6:10)"라는 구절이 있습니다. 이 구절의 의미를 제대로 알고 기도하는 사람이 얼마나 된다고 생각하십니까? 누가복음 17장 26-30절에서 예수님은 성도가 주님의 재림을 준비하지 않은 채 일상에만 빠져 살아가는 모습을 지적하셨습니다.

노아의 때에 된 것과 같이 인자의 때에도 그러하리라 누가복음 17장 26절

실제로 많은 성도가 하나님 나라에 대해 아무 준비 없이 살아갑니다. 하나님 앞에 서는 날을 전혀 생각하지 않고 사는 것은 매우 심각한 일입니다. 예수님은 사람들이 저질렀던 특별한 죄가 아닌 일상생활에 대해 말씀하셨습니다. 그리스도인은 이 점을 주목해야 합니다. 세상에는 온갖 심각한 죄가 있습니다. '적어도 나는 흉악한 죄는 짓지 않으니까'라는 생각으로 안심하고 있을지도 모릅니다. 그러나 우리에게 중요한 것은 일상생활에 대한 태도입니다. 즉, 이 세상에 빠져 '삶' 자체가 유일한 목적이 되거나 염려의 대상이 되는 것이 문제입니다. 예수님은 이 점을 더 중요하게 말씀하셨습니다.

다가오는 하나님 나라를 위한 사명을 가져야 한다

빌립보서 1장 21-24절을 보면 사도 바울은 육신을 떠나 그리스도와 함께 거하기를 원했습니다. 당장이라도 가능하다면 그렇게 하기를 원했습니다. 그는 천국이 얼마나 좋은 곳인지를 알았기 때문입니다. 그러나 사도 바울은 이 땅에서의 사명 역시 귀하게 생각하며 살았습니다. 하나님 나라가 임하는, 다시 말해 주님의 나라가 완성되는 그 시점을 바라보고 살았기 때문입니다.

우리는 궁극적인 목표를 천국 가는 것을 뛰어넘어 다가오는 하나님 나라를 위해 일하는 것으로 삼아야 합니다. 천국만 바라보고 사는 사람은 자칫 염세주의자처럼 현실 도피자가 될 수 있습니다. 요한계시록 11장 15절에서 분명히 하나님을 대적하는 나라는 반드시 망하고 예수 그리스도가 다시 오셔서 영원히 왕 노릇할 것이라고 예언합니다. 하나님 나라는 이미 시작되었습니다. 이미 하늘에 준비되어 있습니다. 주님 나라는 우리에게 지금 다가오고 있습니다. 그리고 언젠가는 완전히 임할 것입니다.

데이비드 리빙스턴 David Livingstone은 말년에 잠비아의 깊은 밀림에 들어갔다가 연락이 끊어졌습니다. 1871년, 탐험가 헨리 스탠리 Henry Stanley는 리빙스턴을 찾기 위해 아프리카로 들어갔습니다. 그리고 1년 만에 병들어 앓고 있는 리빙스턴을 만났습니다. 그는 심한 열병을 앓고 있었고 식료품과 의약품이 거의 떨어진 상태였습니다. 스탠리는 그에게 간절히 권면했습니다.

"선교사님, 아프리카의 복음 사역을 위해서 30년간 헌신하셨으니, 이제 그만하시고 저와 함께 본국으로 돌아가시는 것이 어떻겠습니까?"

그 말을 들은 리빙스턴은 아주 유명한 대답을 했습니다.

"아닙니다. 저에게 아프리카의 선교 사역은 헌신이 아니고 오히려 하나님이 주신 큰 특권입니다. 저는 하나님이 맡겨주신 이 영광스러운 일을 생각할 때마다 가슴이 벅차서 견딜 수가 없습니다."

그로부터 약 1년이 지난 1873년 5월 1일, 리빙스턴은 침대 곁에서 무릎 꿇고 두 손을 모아 기도하는 모습으로 고요히 숨을 거두었습니다.

하나님 나라를 위한 참된 소망을 가져야 한다

안타깝게도 많은 성도가 이 세상의 이익만 구하며 아등바등 살아갑니다. 하나님 나라가 이 땅에 도래하는 영광을 알지 못합니다. 미래를 준비하고 있다고 생각하겠지만 궁극적으로는 현재만을 위해 사는 자가 많습니다. 열심히 공부하는 것도, 돈을 버는 것도 사실을 이 세상에서 잘 살아보고자 하는 마음에서 기인한 것입니다.

우리는 기도의 폭을 넓혀야 합니다. 우리가 공부하고, 일하고, 돈을 버는 목적은 단순히 윤택한 삶을 위해서가 아닙니다. 성도의 소원은 주 예수께서 재림하셔서 온 세상을 새롭게 하시고 다스리시는 그날이 속히 오는 것입니다. 그리스도인에게 행위의 목적은 이것이 돼야 합니다. 하나님 나라가 임하는 것은 그분의 뜻이 완전히 성취되는 것입니다.

성경을 읽어도 중요한 것을 볼 수 있어야 합니다. 만약 우리의 상황이 어렵고 힘들다면 "염려하지 말라, 네게 복을 주리니, 너와 함께 하리라."와 같은 말씀이 절실히 와닿습니다. 그러나 현재 자신의 상황에만 집중하여 말씀을 적용하는 것에서 멈춰서는 안 됩니다. 어떠한 상황에 놓여 있을지라도 모든 말씀을 하나님 나라를 이루는 관점에서 볼 수 있어야 합니다.

소망이 있는 삶은 하나님 나라가 다가오고 있음을 알고, 그 나라를 위해 준비하며 사는 것입니다. 마태복음 24장 40-46절은 주님께서 재림하실 때 우리가 충성되고 지혜 있는 종이 되어 주인의 일을 하다가 주님을 맞이해야 한다고 말씀하고 있습니다. 하나님 나라에 대해 눈뜨지 못하면 영광스러운 그날을 맞이할 준비를 못합니다. 그러므로 우리는 먼저 하나님 나라를 보는 눈이 뜨여 하나님 나라를 위한 참된 소망을 가져야 합니다.

1. 그리스도인은 삶 자체가 목적이 아니다.

   천국을 바라보는 것을 넘어 이 세상에서 하나님 나라를 위해 일하는 것이 궁극적 목표가 되어야 한다.

2. 다가오는 하나님 나라를 위한 사명을 가져야 한다.

   이미 시작된 하나님의 나라를 위해 우리의 모든 것을 바쳐 일하겠다는 사명감으로 살아야 한다.

3. 하나님 나라를 위한 참된 소망을 가져야 한다.

   소망 있는 삶을 위해 기도의 폭을 넓히고, 성경을 하나님 나라의 관점에서 바라봐야 한다.

1. 하나님 나라를 위한 자신의 사명이 무엇인지 분명히 알고 있습니까?

....

....

....

....

2. 하나님 나라를 위해 준비하고 있는 것이 있다면 무엇입니까?

....

....

....

....

공동체기도

1. 일상의 늪에 빠져 사는 어리석은 삶을 살지 않게 하소서.

2. 하나님 나라를 위하여 일하는 그리스도인으로 살게 하소서.

부록

어떻게 인도할 것인가

1. 찬양

찬양은 모임의 문을 여는 시간입니다. 각 소그룹은 찬양인도자를 미리 정합니다. 찬양인도자를 따로 정할 수 없는 경우, 인도자가 진행하는 것도 좋습니다. 교재에 있는 찬송가 혹은 복음성가 중에 한 곡을 선택해서 부릅니다. 혹은 함께 부를 수 있는 쉬운 곡을 정하는 것도 좋습니다. 인도자는 악보를 미리 공유하고 구성원들은 찬양을 들으며 모임을 준비하는 것이 좋습니다.

찬양을 통해 마음이 열리는 경우가 많습니다. 인도자는 찬양을 통해 구성원들의 마음이 열릴 수 있도록 기도로 준비합니다.

2. 기도

첫 주는 인도자가 대표로 기도하도록 합니다. 그 이후에는 모든 구성원이 돌아가면서 대표기도를 할 수 있도록 진행합니다. 기도를 훈련할 수 있는 과정이기 때문에 초신자의 경우에도 꼭 할 수 있도록 격려합니다. 인도자는 첫 주에 기도 순서를 정하고 구성원들이 3분 이내로 준비할 수 있도록 미리 안내합니다.

3. 마음열기

마음열기는 한 주간의 안부를 나누는 시간입니다. 모두가 답할 필요는 없으며 2-3명 정도만 대답해서 모임의 분위기를 편안하게 하는 것이 좋습니다.

상황에 따라 지난주에 특별한 일이 있었던 구성원의 근황을 물으며 개인적인 질문을 하는 것도 좋습니다. 구성원에게 관심을 표현할 수 있는 좋은 방법입니다. 다만, 전체 모임시간에 영향을 주지 않는 선에서 너무 많은 시간을 사용하지 않도록 주의해야 합니다.

4. 말씀

소그룹 모임 중에 가장 중요한 시간입니다. 설교자가 직접 말씀을 전하는 것은 아니지만 구성원들이 설교를 듣는 마음으로 임할 수 있도록 독려해야 합니다. 말씀은 한 단락씩 돌아가면서 읽습니다. 이 시간은 인도자가 구성원들에게 지식만을 전달하는 시간이 아닙니다. 말씀을 함께 읽고 구성원들이 스스로 생각하고 결론 내릴 수 있도록 도와주는 것이 중요합니다.

5. 기억하기

배운 내용을 상기하는 시간입니다. 말씀 중에서 꼭 기억해야 할 내용을 복습할 수 있도록 핵심을 정리해 놓았습니다. 함께 읽기보다 인도자가 준비한 부연 설명을 나눠주면 더 좋습니다.

6. 나눔

배우고 깨달은 것들을 함께 나누는 시간입니다. 나눔 질문은 모든 구성원이 빠짐없이 나눕니다. 이 질문을 그냥 지나쳐버리면 하나님이 주시는 근본적인 변화의 기회를 놓칠 수도 있습니다. 인도자는 구성원들이 한 주전에 미리 읽어보고 대답을 준비해오도록 하는 것이 좋습니다.

나눔을 진행할 때는 돌아가면서 순서대로 하는 것보다 인도자가 순서를 직접 정해주는 것이 좋습니다. 인도자가 영적인 분위기를 잘 살피면서 나눔 순서를 정합니다. 그러면 모두가 마지막까지 다른 사람의 나눔에 귀 기울여 잘 듣게 됩니다.

정답이 있는 질문이 아니므로 솔직하게 나눌 수 있도록 구성원들을 격려합니다. 인도자가 먼저 진실하고 정직하게 나누는 모범을 보여주는 것이 좋습니다. 구성원들은 자신의 이야기를 나누면서 생각을 정리하고 결단하게 됩니다. 또한 다른 사람의 이야기를 들으면서 간접적으로도 배움을 얻습니다. 구체적이고 실제적인 나눔을 통해 자신이 실천할 내용까지 고백할 수 있는 시간이 되도록 인도합니다.

7. 공동체기도

제시된 기도제목을 놓고 함께 기도하며 기도의 영역을 확장하는 시간입니다. 인도자가 따로 말씀을 전하는 시간은 아니지만, 이 시간만큼은 인도자가 구성원들의 영적리더로서의 역할을 감당하는 중요한 시간입니다. 고로 공동체기도 시간은 인도자가 가장 많이 기도로 준비해야 하는 순서입니다.

주어진 내용으로 공동체기도를 한 후에는 나눔을 통해 알게 된 구성원들의 기도제목을 놓고 기도할 수 있습니다. 제시된 기도제목 외에 추가적인 기도제목이 많을 경우, 별도로 알려주고 한 주간 함께 기도할 것을 독려합니다.

인도자는 구성원들이 '하나님 나라와 의'를 위해, '선교 완성'을 위해, '교회와 민족'을 위해, '다음 세대'를 위해 보다 폭넓게 중보기도 할 수 있도록 동기부여 해주는 것이 좋습니다.

첫째, 소그룹은 하나님의 가족 공동체입니다.

교회는 하나님의 집이고, 교회의 성도들은 본질적으로 하나님의 가족입니다 (엡 2:19). 소그룹은 하나님의 자녀들이 모이는 가족모임입니다. 가족 같은 사람들의 모임이 아니라 바로 가족들의 모임입니다. 예수님과 같은 사랑으로 서로를 섬기며 끝까지 책임지는 것이 공동체입니다.

둘째, 소그룹은 그리스도인 공동체입니다.

교회는 건물이 아니라 구원받은 성도들의 연합입니다. 교회는 예수 그리스도의 몸입니다. 성도들은 다 다르지만 하나의 몸으로 서로 연결되어 있습니다. 오직 머리 되신 예수 그리스도를 중심으로 각 지체가 모여 한 몸을 이룹니다. 건강한 공동체는 모든 지체가 건강한 것이 아니라 모든 지체가 건강하지 않더라도 서로의 연약함을 섬기며 한 몸을 이루는 공동체입니다.

셋째, 소그룹은 성령으로 하나 된 공동체입니다.

소그룹에는 다양한 사람들이 모이지만 성령으로 하나를 이룹니다. 소그룹에는 하나님의 거룩한 영이 임하십니다. 우리의 몸은 성령이 계신 성전이라고 했습니다. 소그룹에서 삼위일체 하나님의 영적 교제가 이루어집니다. 하나님은 성령을 보내주셨고 성령은 예수 그리스도를 증거합니다. 그러므로 성령으로 하나 된 소그룹은 모일 때마다 살아계신 하나님을 체험합니다.

넷째, 소그룹은 하나님 나라에 속한 시민의 공동체입니다.

예수님을 믿는 사람 모두는 하나님 나라의 시민입니다. 하나님 나라의 시민에게는 이 땅을 사는 동안 특별한 권리와 의무가 있습니다. 바로 '하나님 나라 확장을 위한 사명'입니다. 그리스도인에게는 세상을 향해 복음을 가지고 나아가 전파해야 하는 사명이 있습니다. 하나님 나라가 이 땅 위에 확장되는 것을 제일의 목적으로 삼아야 합니다. 모일 때마다 영혼구원을 위해 기도하고 흩어지면 전도합니다. 소그룹은 하나님 나라 선교를 위해 헌신하기로 결단한 사람들의 모임입니다.